AF267986

F. CAILLIAC

PROPOS

D'UN

Intransigeant

L'opportunisme, voilà l'ennemi !

25mes. le N°.

IMPRIMERIE E. LAPORTE PÉRIGUEUX

PROPOS

D'UN

INTRANSIGEANT.

L'Opportunisme, c'est l'ennemi !

I

Si les opportunistes n'ont pas encore inventé la poudre, ils peuvent du moins revendiquer le mérite d'avoir considérablement perfectionné certains procédés de politique pratique et usuelle, — y compris, et surtout, l'art si intéressant de mener par le bout du nez le peuple souverain.

L'art de mener le peuple par le bout du nez, ou, ce qui est à peu près identique au fond, l'art de manipuler les électeurs et de les tripoter, ne date pas d'aujourd'hui.

M. le professeur Debidour, — qui, soit dit en passant, me paraît, sur les questions purement historiques, beaucoup plus et beaucoup mieux ferré que sur le chapitre de la politique coloniale, — M. Debidour ne me démentira pas, je l'espère, si j'affirme qu'il n'y a jamais eu, en n'importe quel temps et dans n'importe quel pays, un corps électoral quelconque, organisé n'importe comment, qui n'ait été exposé à une foule de tentatives ayant pour but de gêner la liberté et de fausser la sincérité de ses manifestations.

Je ne crois pas qu'il soit possible de se faire une idée exacte et complète de la multiplicité et de la variété des combinaisons qu'a imaginées à cet effet, depuis que le monde est monde, l'inépuisable cervelle des hommes d'Etat.

Dans le cas où quelqu'un de mes concitoyens aurait, par hasard, la fantaisie de savoir approximativement quels étaient, sous ce rapport, les us et coutumes de l'antiquité classique, ce que je conseillerais, si on me demandait mon avis, ce serait de s'adresser à M. le maire de Périgueux. Très expert en matière d'histoire grecque et d'histoire romaine, — qu'il a sans doute étudiées dans le livre d'Hippocrate sur les hémorroïdes et dans le traité des tisanes de Galien, — l'honorable docteur Gadaud, en pérorant à la prochaine distribution de prix du lycée, nous répliquerait méthodiquement, scientifiquement, éloquemment et certainement avec le plus vif empressement, de quelle ingénieuse façon opéraient les descendants de Cérops et de Romulus, quand ils voulaient se concilier les faveurs du scrutin.

Il est de fait que pas mal de temps avant l'apostolat de M. Gambetta, bien antérieurement au pontificat de M. Jules Ferry, les opportunistes grecs et latins avaient donné des preuves convaincantes de

leur habileté à manœuvrer les divers systèmes de
propagande électorale.

La fraude, l'intimidation, la violence étaient,
simultanément ou tour à tour, utilisées par eux
avec un remarquable succès.

La corruption, d'un autre côté, leur fournissait
aussi, pour convaincre et convertir les consciences
récalcitrantes, des arguments d'une efficacité sin-
gulière, et parmi les arguments de cette catégorie
dont ils se plaisaient assez volontiers à faire usage,
il convient de citer au premier rang ceux qu'ils
empruntaient à l'éloquence et aux séductions de
la gastronomie.

Un satirique fameux, appelé Juvénal, a prétendu
que rien n'est plus modéré et moins difficile à
contenter que l'estomac. Il y a là une distinction
qu'il importe d'observer. Si Juvénal a voulu dire,
par exemple, qu'après avoir passé deux ou trois
jours à se brosser le ventre, on ne manifeste pas
habituellement une délicatesse exagérée en fait
de victuailles, Juvénal a raison. Quand on a faim,
il faut manger ; quand il faut manger, on mange
ce qu'on peut. Voilà pourquoi Ugolin, en suppo-
sant que réellement il les ait mangés, mangea autrefois quatre de ses enfants ou petits-enfants ;
pourquoi les naufragés du radeau de la *Méduse*
mangeaient les cadavres de leurs compagnons ;
pourquoi le capitaine d'un navire anglais, il y a
quelques mois à peine, s'est jeté sur un mousse

de quatorze ans, l'a saigné et l'a mangé. — Les philosophes et les physiologistes, les chimistes eux-mêmes, ont disserté à perte de vue sur les origines probables de l'anthropophagie ; pour moi, il me semble que les hommes ne se décident guère à se dévorer les uns les autres que lorsqu'ils ne peuvent pas faire autrement. Quand on a faim, je le répète, il faut manger, et alors on mange ce qui tombe sous la dent : — « Tout pour la tripe ! » comme disait Rabelais.

En dehors du cas tout à fait — et très heureusement — exceptionnel que je viens de considérer, la vérité me fait un devoir de protester contre les éloges immérités dont on cherche à gratifier l'estomac. Qu'on dise ce qu'on voudra, je ne connais rien de moins sobre, d'aussi vétilleux et d'aussi exigeant que lui. A quelque degré de l'échelle sociale que le hasard l'ait placé, si roturier que soit le propriétaire que le sort lui a donné, l'estomac, lorsqu'il s'agit d'avaler, affiche invraisemblablement les opinions les plus aristocratiques, les goûts les plus raffinés. — Ce n'est pas lui, assurément, que le docteur Escande pourrait, en bonne justice, accuser de pousser à l'excès le rigorisme de Jansénius.

Oui, nous aimons les bons morceaux. Le malheur est que nous ne savons pas les aimer d'un amour exclusivement métaphysique et spirituel. Ce qui nous préoccupe avant tout et par-dessus tout, c'est de nous les procurer. Quant aux moyens et aux procédés d'acquisition, peut-être, hélas !

oublierions-nous un peu trop aisément d'en véri-
fier la correction et la moralité. Il ne faut pas se
le dissimuler, l'estomac est un des ennemis les
plus acharnés de la conscience humaine, — un
des plus acharnés et en même temps un des plus
dangereux. Sans cesse il dirige contre nous des
attaques dont nous avons constamment à redouter
l'issue. Nous avons beau essayer de lui résister,
il finit presque toujours par triompher de notre
résistance. Le sexe fort, aussi bien que le sexe fai-
ble, est obligé de subir ses lois et de baisser pa-
villon devant lui. Rappelons-nous que le premier
homme ne sut pas mieux se raidir que sa blonde
compagne contre la tentation de mordre au fruit
séducteur. Après tout, si vous admettez qu'il suffit
d'un souper pour faire trébucher de temps en
temps la vertu d'une femme, pourquoi n'admet-
triez-vous pas qu'une ripaille est suffisante pour
faire broncher quelquefois la vertu d'un électeur ?

*
* *

Or, ce n'est pas seulement quelquefois, mais
souvent, mais très souvent, qu'on a vu, en pareil
cas, broncher la vertu électorale. Que voulez-vous,
on n'est pas parfait. La jouissance des droits civi-
ques ne met pas ceux qui en sont investis à l'abri
des infirmités humaines :

> Quelque électeurs qu'ils soient, ils sont ce que nous sommes,
> Véritablement hommes,

et ne sont pas fâchés de bien manger comme
nous.

On en a même vu quelques-uns, dont les habitudes, le caractère, l'éducation spéciale, la haute
position, auraient dû les cuirasser plus efficace-
ment contre les sollicitations malsaines de la gas-
trolâtrie, s'abandonner, en de certains moments,
aux accès d'une défaillance d'autant plus regretta-
ble que, chez eux, elle ne contribuait pas du tout
à l'édification du prochain. — A preuve, ce qui ar-
riva lors de la réunion du conclave du 11 février
1281.

Le conclave, tout le monde le sait, est la collection des électeurs ecclésiastiques officiellement
chargés de nommer les papes, collection fort limi-
tée, d'ailleurs, puisque les cardinaux seuls sont
appelés à en faire partie.

Le conclave de 1281 s'était réuni pour donner
un successeur à Nicolas III. Comme le roi de Na-
ples, frère de saint Louis, prétendait imposer le
choix d'un pape français, la majorité des cardinaux, qui n'entendait pas de cette oreille, et qui se
persuadait que le meilleur moyen de contrecarrer
la combinaison projetée était de gagner du temps,
s'arrangea de façon à empêcher indéfiniment le
scrutin d'aboutir. Devant cette opposition, passive
mais évidente, en présence d'une mauvaise volonté
aussi caractérisée, la population de Viterbe, —
c'est là que se tenait le conclave, — excitée par les
émissaires du roi, adopta un parti décisif. Sans
faire ni une ni deux, elle claquemura les cardinaux

dans le local où ils étaient assemblés, en leur signifiant qu'ils n'auraient d'autre alimentation que du pain sec et de l'eau, jusqu'à ce que les opérations électorales fussent terminées. Il advint ce qu'on avait prévu. Au bout de quelques jours de ce régime, s'il faut en croire l'histoire qui raconte le fait, les cardinaux s'entendirent admirablement, et Martin IV, pape français, fut proclamé à l'unanimité. Ce n'est pas tout ; le nouveau pape, qui n'ambitionnait pas beaucoup, à ce qu'il paraît, l'honneur d'être compté parmi les successeurs du successeur immédiat de Jésus-Christ, déclara carrément qu'il répudiait sa nomination. Mais le conclave, qu'embrasait une pieuse ardeur, et qu'épouvantait la perspective de l'eau et du pain sec, se précipita sur lui, le déshabilla de sa robe rouge de cardinal, et le revêtit bon gré mal gré de la soutane blanche de la papauté. — Ajoutons, entre parenthèses, que le Saint-Père, furieux de la violence dont il était l'objet, faillit excommunier les cardinaux qui l'avaient nommé, et excommunia tout de bon la population viterboise qui avait forcé les cardinaux à le nommer.

*
* *

Il me serait facile de multiplier les citations analogues ; mais, dans la crainte que l'accumulation des épisodes ne m'éloigne outre mesure du sujet principal, je me hâte d'y revenir, en faisant observer que les modernes, de même que les an-

ciens, ont parfaitement compris les services très
sérieux qu'est susceptible de rendre la mastication
au point de vue électoral. Aussi n'ont-ils pas hésité
à invoquer fréquemment le concours de ce pré-
cieux auxiliaire, sauf, bien entendu, à prendre en
considération la différence des temps et des lieux,
le changement des circonstances, et ce qu'on a
appelé les progrès de la civilisation.

Autrefois, à Athènes et à Rome, les électeurs
n'étaient pas, en réalité, aussi nombreux qu'on
pourrait le supposer ; de plus, c'était uniquement
dans l'enceinte ou sous les murs de la ville capi-
tale qu'ils exerçaient leur droit de voter. On conçoit, dès-lors, que les candidats, presque tous anciens chefs militaires, et ayant, pour la plupart, le
gousset bien garni aux dépens des ennemis de la
patrie, — parfois même aux dépens de ses amis,
— on conçoit, disons-nous, que les candidats ne
fussent pas embarrassés pour payer les divertisse-
ments de toute espèce qu'ils prodiguaient à la mul-
titude, et pour faire faire bombance à quelques
milliers d'électeurs agglomérés dans le même
endroit.

Au temps de nos anciens rois, sous le premier
empire également, on ne votait pas, ou du moins
on votait si peu, qu'il ne vaut pas la peine d'en
parler.

De 1815 à 1848, sous le régime plus ou moins
constitutionnel et parlementaire de la Restauration
et de la monarchie de Juillet, on ne se privait pas
de voter, loin de là. Toutefois, à cause du nombre

relativement minime des électeurs, — dans beaucoup de circonscriptions un député se bâclait avec cent cinquante ou deux cents voix, — les représentants n'étaient pas forcés d'être archi-millionnaires pour festoyer convenablement et copieusement les représentés. Aussi a-t-on mangé, a-t-on bu, a-t-on bamboché à cette époque-là, grands dieux! Il y aurait de quoi épouvanter le statisticien le plus intrépide et le plus obstiné, si on le condamnait à faire le dénombrement des dindes truffées et des bouteilles de champagne qu'ont ingurgitées, rien que sous le règne de sa Majesté Louis-Philippe, ces bons électeurs du juste-milieu.

A partir de la Révolution de février, c'est-à-dire après l'installation du suffrage universel, le brusque avènement de plusieurs millions de citoyens à l'existence politique, eut pour effet inévitable de modifier profondément les relations économiques et gastronomiques entre électeurs et candidats, et de substituer des méthodes nouvelles aux méthodes anciennes, dont l'application se serait heurtée à d'invincibles difficultés. Allez donc, surtout aujourd'hui que nous avons le scrutin départemental, inviter à dîner ou à déjeûner, en gros ou en détail, de cent mille à trois cent mille convives disséminés sur une superficie moyenne de six mille cent cinquante kilomètres carrés! Encore s'il ne s'agissait, pour le candidat, que de risquer une douzaine de gastrites ou d'indigestions, ce ne serait là qu'un mince inconvénient, une « quantité négligeable, » comme disaient les opportunistes, en parlant des

Chinois. Mais il est un obstacle autrement difficile à surmonter.

Dans la quantité presque infinie des citoyens qui briguent le mandat de représenter au sein du parlement une fraction du peuple français, il n'est peut-être pas impossible d'en trouver qui sont loin d'avoir à leur disposition, — j'en suis désolé pour eux, — le portefeuille de MM. de Rotschild ou simplement le porte-monnaie de Crésus, et qui, probablement, n'embrasseraient pas la profession de législateurs, s'ils devaient l'exercer à leurs frais. Je ne répondrais même pas, à moins que ma mémoire ne m'abuse, de n'avoir pas entendu tel ou tel d'entre eux, déplorant la mesquinerie du trésor public à son égard, exprimer avec amertume le regret que l'indemnité parlementaire n'atteigne pas le chiffre un peu plus rémunérateur d'une quinzaine de mille francs. — Espérons que la situation de plus en plus florissante des finances nationales permettra de donner bientôt une satisfaction légitime à ces légitimes aspirations.

Quoi qu'il en soit, malgré les efforts réunis et combinés de Trompette et de M. Gambetta, le système des ribottes électorales a fait son temps. C'est une institution définitivement disparue, que les opportunistes ont très habilement remplacée par un procédé plus efficace et moins coûteux, étranger à la gastronomie, et qui substitue, d'ailleurs, l'intervention collective de l'Etat à l'initiative individuelle des citoyens.

II

Le docteur Vulpian, — médecin qui s'occupe de médecine, — a défini l'homme « un animal qui sait faire du feu ; » les opportunistes, — qui ne s'occupent pas de médecine, même quand ils sont médecins, — définissent les électeurs « des animaux qui ne savent pas voter. »

Intimement convaincus de l'exactitude rigoureuse de cette définition, qu'ils ont élevée à la hauteur d'un axiome, les opportunistes en tirent cette conséquence toute naturelle, qu'il faut se défier de l'intelligence de ceux qui n'en ont guère, et qu'on doit protéger l'ignorance contre les dangers qu'elle ne connaît pas ; — ce qui revient à dire qu'il faut et qu'on doit soumettre l'exercice du droit électoral à la haute surveillance et à la direction supérieure du gouvernement.

Cette théorie, qui est tout bonnement la théorie de la candidature officielle, l'opportunisme n'est pas fondé à en réclamer la paternité. De tout temps, sous une forme ou sous une autre, ailleurs comme chez nous, la candidature officielle a été connue, professée et pratiquée. Seulement, on ne s'y est pas toujours pris de la même façon. Un des procédés les plus souvent employés, et qui a fréquemment réussi, consistait à confier le monopole des élections à un petit nombre d'électeurs privilégiés, auxquels on avait inculqué la louable habitude de contrarier le moins possible les volontés du pouvoir.

C'est ainsi que Cromwell, en 1653, pour être bien sûr que les électeurs ne lui joueraient aucun mauvais tour, s'avisa de réunir, sous l'invocation directe et la présidence honoraire du Saint-Esprit, les officiers de son état-major en conseil de guerre électoral, et leur fit nommer je ne sais plus combien de députés, qui reçurent la consigne catégorique d'assister sans faute aux séances du parlement.

Sans aller tout à fait aussi loin que le dictateur anglais, le général Bonaparte, lors de la discussion sur le consulat à vie, en 1802, émit une idée qui ne manquait pas d'originalité. Son projet était de composer les collèges électoraux avec des électeurs inamovibles, que le gouvernement se réservait la faculté de désigner. Cette proposition saugrenue ne fut malheureusement pas admise à prouver ce qu'elle valait au point de vue de l'application. Toutefois. comme la nature l'avait pourvu d'une respectable dose d'entêtement, le premier consul, lorsqu'il fut monté sur le trône, parvint à réaliser jusqu'à un certain point son plan primitif, en ne laissant aux électeurs que le droit d'établir une liste de candidats, parmi lesquels, — quelquefois en dehors desquels , — Sa Majesté impériale élisait elle-même les députés aussi bien que les sénateurs.

Quelques politiciens de l'ancien régime, que séduisait le caractère éminemment ingénieux de cette combinaison, auraient désiré la faire adopter par le gouvernement de la Restauration. C'est ce que demanda formellement, en 1814, l'abbé de Montesquiou, ministre de l'intérieur. Louis XVIII fut d'un avis différent. Beaucoup plus éclairé que la plupart de ses conseillers, ayant, d'ailleurs, rapporté de son long séjour en Angleterre, avec le goût des chapeaux tromblons, certaines tendances quasi libérales, il tenait absolument à expérimenter chez nous le fonctionnement d'une sorte de système représentatif, fruit de ses méditations.

En conséquence, on décida que tout citoyen, à condition, néanmoins, d'être âgé de trente ans et de payer une contribution directe de trois cents francs, aurait le droit de concourir à la nomination des députés. Le total des électeurs inscrits sur les premières listes ne dépassait pas cent sept mille, et encore, par suite de réductions successives, ce nombre n'était-il plus, en juillet 1830, que de quatre-vingt-douze mille seulement.

La candidature officielle se trouvait ainsi, on le comprend, sur un terrain exceptionnellement favorable à ses évolutions ; triompher des scrupules vertueux de quelques milliers d'électeurs, ce n'est pas, en fin de compte, la mer à boire pour un gouvernement. A une époque où les voies de communication ne foisonnaient pas comme aujourd'hui, croit-on, de bonne foi, qu'un citoyen français, même âgé de soixante ans et payât-il six cents francs de contributions directes, pût se montrer complètement insensible à la satisfaction de voir ses propriétés desservies par une route royale, une route départementale, un chemin de grande communication, voire un simple chemin vicinal, qui ne lui coûtaient rien ?

Il faut faire aussi entrer en ligne de compte les poignées de mains sous-préfectorales, préfectorales ou ministérielles, qui produisent toujours leur effet, surtout quand on a affaire à des ministres, à des préfets ou à des sous-préfets dont les aïeux aidèrent jadis Godefroy de Bouillon à massacrer les Sarrasins.

N'oublions pas non plus l'intervention, alors toute puissante, du clergé de toutes les catégories et de toutes les couleurs : — clergé séculier et clergé régulier ; moines gris, blancs et noirs ; capucins dans les campagnes, dominicains dans les villes, jésuites partout ; lettres pastorales, mandements épiscopaux, brefs pontificaux ; missions, processions et confessions, prédications, bénédictions, excommunications, dont la collaboration secondait puissamment l'action de l'administration sous la Restauration.

Tout cela n'empêcha pas la chute des Bourbons de la branche aînée, qui tombèrent au bout de quinze ans, — durée à peu près normale des gouvernements depuis 1789.

« Les trois grandes journées, » — c'est ainsi que les appelaient les orléanistes, plus logiques en cela que les bonapartistes, qui s'acharnent, sans savoir trop pourquoi, à qualifier de « catastrophe » la révolution de Février, — les trois grandes journées.

de 1830 ont produit, à ma connaissance, trois résultats principaux : — l'exhumation de la garde nationale enterrée depuis 1827 ; l'érection du tube de bronze connu sous le nom de colonne de Juillet ; l'invention des électeurs à deux cents francs.

Laissons de côté la garde nationale et la colonne de Juillet, dont nous n'avons que faire, pour nous occuper exclusivement des électeurs.

Il est bon de savoir que les hommes d'Etat de la nouvelle dynastie n'avaient consenti qu'en rechignant, et sous la pression de l'opinion publique, à l'abaissement du cens électoral. Un des caractères typiques et permanents de la politique suivie par le gouvernement de Louis-Philippe, fut une répugnance insurmontable à favoriser l'extension des droits des citoyens. Dans les régions officielles on partageait, relativement aux électeurs, l'opinion du vulgaire en ce qui concerne la vertu : — il en faut, pas trop n'en faut.

« Nous ne croyons pas plus, » glapissait M. Thiers, le 16 janvier 1833, « au droit inné d'électeur que nous ne croyons à la légitimité royaliste... On est électeur pour l'utilité du pays ; il n'y a d'électeurs que ceux que le pays a cru utiles et qu'il a déclarés tels... Nous dirons à la souveraineté populaire qu'elle n'est pas faite pour sa propre utilité, mais pour l'utilité de la société... »

Or, si le juste-milieu ne tenait guère à la quantité des électeurs, il tenait peut-être encore moins à la qualité. D'après lui, le défaut, même absolu,

de capacité intellectuelle n'était nullement considéré comme un cas rédhibitoire et un motif d'ex-
clusion. Le général Bugeaud exprimait militaire-
ment et rustiquement sa manière de voir là-dessus,
le jour où il proférait à la tribune cette phrase
monumentale : « Donnez-moi Gros-Jean, donnez-
moi Gros-Pierre, je les aimerai mieux que les ca-
pacités sans fortune.... »

Il est plus facile, en effet, de rencontrer des
niais et des gobe-mouches parmi les Gros-Jean et
les Gros-Pierre que parmi les membres de l'Institut, — quoique, au rebours, une expérience de
vieille date ait démontré qu'on peut trouver autant
de probités suspectes et de consciences vénales
dans les cinq classes de l'Institut que dans la con-
frérie des Gros-Pierre et des Gros-Jean.

Toujours est-il que les dix-huit années de la
royauté bourgeoise occupent une place à part et
des plus distinguées dans les annales de la candidature officielle.

Sous le règne de Louis-Philippe, ainsi que sous
les deux règnes précédents, les promesses de rou-
tes et de chemins vicinaux, les poignées de main,
les claques sur le ventre, les prises de tabac dis-
tribuées avec prodigalité par les agents patentés
de l'administration, jouaient, à la veille des élections, un rôle actif et prépondérant.

Il est vrai que la Monarchie de Juillet n'avait
pas à compter sur l'assistance du clergé, assez mal
avisé pour la bouder, — le clergé se met quelquefois le doigt dans l'œil, — mais « le spectre de

l'anarchie » prêtait volontiers au pouvoir un concours qui valait bien celui de plusieurs centaines
de missionnaires et de prédicateurs. Qui saura jamais combien d'insomnies et de cauchemars
causa alors aux électeurs à deux cents francs l'évo-
cation du drapeau rouge et de la guillotine, et la
quantité énorme de bulletins que les noms de
Barbès et de Blanqui, tragiquement prononcés
par les bouches administratives, ont fait donner
de bulletins aux candidats de M. Thiers et de
M. Guizot !

Je ne rappellerai point aux hommes de ma gé-
nération, qui ne peuvent ignorer ce qui se passait
il y a quarante ou cinquante ans, l'influence fas-
cinatrice qu'exerçaient aussi les concessions gratui-
tuites de terrain en Algérie, — seul bénéfice clair
et net, n'en déplaise à M. l'ex-candidat Debidour,
que soit susceptible de nous rapporter la politique
coloniale, — les allocations de primes fournies par
la caisse des fonds secrets, les offres d'emplois et
d'avancement, la distribution des croix d'honneur
et des bureaux de tabac..... monnaie courante
avec laquelle, de 1830 à 1848, sur la surface entière
du pays transformé en champ de foire électoral,
les hommes du pouvoir achetaient et payaient les
bulletins.

Quelque bien outillés, comme nous venons de le
voir, que fussent les gouvernements antérieurs, au
point de vue de la candidature officielle, il est
permis d'affirmer que pas un d'entr'eux, si l'on éta-
blit une comparaison avec le second Empire, n'a

possédé un outillage aussi complet et aussi perfectionné. Outre les moyens d'influence et d'action
qu'on avait employés jusqu'alors, et qu'ils ne se
faisaient pas faute d'employer pour leur compte,
les bonapartistes disposaient en particulier d'un
instrument de propagande admirablement appro-
prié à sa destination.

En 1852, la religion napoléonienne avait encore
ses fidèles et ses dévôts. Les acteurs et les témoins
survivants de la glorieuse épopée, malgré leur
exubérante prolixité quand ils abordaient le chapitre des souvenirs, ne nous fatiguaient pas trop
les oreilles en nous parlant du grand Empereur,
de sa redingote grise, de son petit chapeau, — qui
n'était pas petit, — de Marengo, d'Austerlitz, de
Waterloo, du saule-pleureur de Ste-Hélène et de
la mort prématurée du duc de Reichstadt. Les
masses populaires, qui adoraient l'oncle avec exal-
tation, en dépit du mal qu'il nous avait fait, re-
portaient naturellement une bonne partie de cette
affection sur le neveu, à qui le suffrage universel
ne ménageait pas les bulletins approbatifs toutes
les fois qu'on était appelé à voter. Quel dommage
(pour eux) que les bonapartistes n'aient pas
mieux su profiter des faveurs dont la fortune se
plaisait à les combler ! A force d'appuyer sur la
chanterelle, ils ont fini par détraquer et mettre
hors de service l'instrument qu'ils maniaient sans
précaution. Ils ont tellement usé du petit chapeau
et de la redingote grise, qu'ils les ont complètement usés. La grave erreur qu'ils ont commise,

leur tort capital, a été de croire à la perpétuité des légendes. Ils auraient dû savoir que les légendes ne durent pas toujours, par cette raison topique et péremptoire qu'il n'y a pas de commencement qui n'aboutisse à une fin, et que tout ce qui naît est, sans aucune exception, fatalement condamné à mourir.

*
* *

Avant d'aller plus loin, je demande qu'on n'interprète pas de travers ce que j'ai écrit ci-dessus. Jusqu'à présent il n'est pas entré dans ma pensée de critiquer l'emploi qu'ont fait de la candidature officielle les gouvernements dont je viens de parler. Je me suis borné à relater les faits purement, simplement, véridiquement, sans gloses ni commentaires, sans formuler de conclusion, sans rien approuver, sans rien blâmer. Et non seulement je ne blâme rien, mais je suis même prêt à déclarer, si l'on veut, que ces divers gouvernements, en cherchant à imprimer une direction spéciale aux opinions et aux votes des électeurs, n'ont fait, à leur point de vue, qu'exercer strictement un droit; — je dis plus, ils n'ont fait que remplir un devoir.

Appliquons-nous, en effet, à voir les choses telles qu'elles sont, et tâchons de ne pas raisonner faux.

Tout pouvoir organisé monarchiquement, quelle que soit sa dénomination ou sa qualification, — monarchie absolue, monarchie despotique, monarchie constitutionnelle, monarchie militaire, — se considère et s'est toujours considéré comme officiellement délégué auprès de nous par la divine Providence, avec recommandation expresse de veiller à notre perfectionnement physique, intellectuel et moral, avec injonction impérative de réaliser notre félicité ici-bas, autant qu'il est en lui, sous sa propre responsabilité, malgré nous, au besoin.

Cette idée une fois logée et ancrée dans leurs cervelles, les métaphysiciens de la monarchie en ont facilement dégagé, par voie de déduction, une règle de conduite et une méthode de gouvernement. S'appuyant sur cette triple considération : — qu'ils ont reçu de l'autorité compétente une mission formelle de surveillance, d'éducation et de correction ; que tout leur est permis pour atteindre un but dont la légitimité leur est surabondamment démontrée ; que nous sommes, d'ailleurs, vu notre état d'imperfection originelle, parfaitement incapables de discerner par nous-mêmes ce que réclame le soin de nos véritables intérêts, — les monarchistes ont été logiquement conduits à s'arroger le droit et à s'imposer le devoir de penser, de parler, d'agir et, le cas échéant, de voter pour nous.

Telle est la doctrine des partisans de la monarchie ; telle n'est pas la doctrine des républicains, — des vrais républicains.

Les vrais républicains, qui se gardent bien de confondre la politique avec la théologie, ne reconnaissent au gouvernement que des devoirs, et pas un droit. Pour eux, le gouvernement n'est pas le maître, il est le serviteur de la nation. En fait de gouvernement, ils en veulent le moins possible, étant là-dessus de l'opinion d'Augustin Thierry, — à savoir qu'il y en a toujours trop. On ne saurait nier, en effet, qu'il nous est fort difficile, actuellement, de hasarder un mouvement, un geste, une parole, de coudre deux idées bout à bout, d'enseigner le *b a ba* à des enfants, sans nous demander s'il n'y a pas quelque part une loi, un décret, une ordonnance, un arrêté, un règlement pour nous empêcher de bouger. — Je défie qu'on me montre une momie des vieux Pharaons, sanglée, ficelée et ligotée aussi bien que le peuple français.

Aux yeux des vrais républicains, l'unique droit, je me trompe, le premier et le seul devoir du gouvernement est de garantir aux citoyens la sûreté de leurs personnes et la sécurité de leurs biens.

En résumé, le gendarme agrémenté de son bicorne, le garde-champêtre orné de son briquet, voilà l'idéal du gouvernement que rêvent les vrais républicains. — Inutile d'ajouter qu'ils laissent à chaque électeur la faculté de voter absolument comme il veut.

Quant aux républicains de contrebande qu'on a affublés de la qualification d'opportunistes, leur toquade chronique, leur marotte obstinée, leur manie invétérée, c'est de s'imaginer, tout le monde le sait, qu'ils sont « des hommes de gouvernement. » Feu M. Gambetta, de méthodique et scientifique mémoire, ayant un beau jour déclaré majestueusement que la République doit prouver, au besoin, qu'elle est « un gouvernement fort, » les opportunistes, selon leur habitude, s'inclinèrent avec respect devant la parole du maître, — avec d'autant plus de respect qu'ils ne comprenaient peut-être pas bien clairement de quoi il était question.

Ce qu'ils comprenaient très bien, par exemple, c'était, d'abord, l'importance exceptionnelle qu'il y avait pour eux à se faire nommer députés ou sénateurs ; en second lieu, la nécessité urgente où ils se trouvaient d'assurer à tout prix le succès de leurs candidatures.

Il nous a été donné, alors, de contempler un phénomène moral des plus singuliers, sinon des plus édifiants. Ces purs et immaculés *irréconciliables* qui, du temps de Napoléon III, piaillaient, criaillaient, braillaient si vertueusement contre les abus de la candidature officielle, — farceurs ! — n'ont eu rien de plus pressé, une fois grimpés au pouvoir, que d'étaler sans vergogne, publiquement, en plein soleil, un spectacle vingt fois plus scandaleux que celui devant lequel ils affectaient, il y a vingt ans, de baisser leurs virginales paupières et de voiler leurs chastes regards.

Que la Restauration, les d'Orléans et le gouvernement impérial, par une intervention indiscrète dans les opérations électorales, aient contribué à altérer et à corrompre les mœurs politiques du pays, c'est une vérité contre laquelle il est impossible de protester. Mais il y avait du moins certaines limites qu'on s'abstenait de franchir. Les opportunistes seuls étaient capables de mettre au service d'une ambition dépravée la cynique institution de leurs *comités électoraux*.

III

Bien qu'il soit un des plus contestés, le droit d'association est un des droits les plus incontestables de l'homme et du citoyen. S'il nous plaît de mettre en commun, dans un but déterminé, nos intérêts, nos désirs, nos espérances, nos volontés, nos efforts ; s'il nous convient de nous rapprocher, de nous grouper, pour étudier, discuter, élucider une question quelconque, — art, science, littérature, affaires, politique ou religion, — il n'appartient à personne de le trouver mauvais et de s'y opposer. S'agit-il d'élections, je dis et je maintiens qu'on ne peut pas nous empêcher d'entrer en relations, de nous concerter, de nous entendre avec ceux de nos concitoyens qui pensent comme nous. Je voudrais bien savoir à quel titre on nous interdirait, par exemple, de manifester notre opinion sur telles ou telles candidatures, adoptant les unes, répudiant les autres, nous efforçant de recruter contre celles-ci des adversaires, et de rallier à celles-là des partisans. Qu'on organise, en pareilles conjonctures, autant de comités électoraux qu'on voudra, rien de plus naturel, rien de plus légitime, rien de mieux. Dans les pays de véritable liberté, cela s'est toujours pratiqué ainsi. Lisez l'histoire de la grande République américaine, vous verrez que c'est au moyen « de comités organisés dans chaque Etat, chaque comté, chaque ville ou village, et grâce aux électeurs de son bord, qui agissaient dans toute l'étendue de l'Union avec la régularité et la puissance d'une armée bien disciplinée, » que le général Jackson parvint, en 1829, à se faire élire président.

Or, les comités électoraux de l'opportunisme, tels que nous les voyons fonctionner depuis sept ou huit ans, ne ressemblent pas, le moins du monde, aux comités du système américain. Ils en diffèrent diamétralement, par le but qu'ils se proposent, par les éléments dont ils se composent, par les moyens dont ils disposent. Chacun d'eux constitue une espèce de conciliabule autoritaire, qui aspire à exercer, sur l'esprit des électeurs, dans chacun des cantons de la République, non point l'influence attractive de la propagande, mais l'action rigide du commandement. Il n'est pas question ici de persuader, de convaincre, de convertir ; on vise à régir, à gouverner, à être obéi. Un comité opportuniste n'est pour ainsi dire que le cornac d'une troupe d'électeurs, qu'il mène à la baguette, comme un caporal prussien fait marcher une escouade de conscrits. Ayant les mêmes prétentions à l'infaillibilité politique que nos Saints-Pères les papes à l'infaillibilité religieuse, abusant, d'ailleurs, de cette « méthode » et de cette « science » qui plongent le docteur Gadaud dans une stupéfaction admirative, les comités opportunistes pontifient, dogmatisent, formulent la doctrine, définissent l'orthodoxie, tracent les limites d'une Église hors de laquelle il n'y a point de salut ; bénissent, béatifient et canonisent ; maudissent, excommunient, condamnent et damnent avec le plus imperturbable et le plus impertinent aplomb. Puis, lorsque nos seigneurs les délégués cantonaux, méthodiquement et scientifiquement assemblés en congrès œcuménique au chef-lieu du département, ont publié leurs instructions et signifié leurs volontés, il ne nous reste plus qu'à exécuter la consigne, sous peine d'être dénoncés, honnis, conspués comme traîtres à la République et à la patrie. Oui, fussiez-vous un républicain de la veille et de l'avant-veille, eussiez-vous risqué dix fois votre liberté et votre peau au service de la démocratie, la moindre hésitation à obéir vous ferait mettre à l'index, sans plus de cérémonie qu'on chasse une brebis galeuse loin du troupeau.

Mais ce qu'il y a de plus curieux à observer là-dedans, c'est que les trois quarts et demi des honorables citoyens qui se posent, avec une si noble et si mâle assurance, en suprêmes régulateurs de l'opinion républicaine, ne seraient pas mal embarrassés s'il leur fallait exhiber leurs titres, et justifier ce qu'un artiste capillaire appellerait probablement leur toupet. Demandez-leur un peu ce qu'ils étaient il y a huit ans, il y a dix ans, il y a vingt ans. Pour ma part, je connais quelques-uns de ces honorables délégués, notamment parmi ceux du canton de Jumilhac, dont le républicanisme est singulièrement sujet à caution.

*
* *

Mais c'est-là une question de détail que je me réserve, s'il le faut, d'aborder ailleurs et dans un autre moment. Actuellement il me semble, — qu'on veuille bien me pardonner cette expression, — plus « opportun » de faire connaître à mes lecteurs de quelle façon, quatre-vingt-dix-neuf fois sur cent, on procède, dans nos petites communes rurales, à la nomination des délégués dont se composent les *Comités électoraux*.

L'opération, qui est des moins compliquées, n'exige pas de longs préparatifs et se termine promptement. C'est l'affaire d'une demi-heure tout au plus.

Il est bon d'être préalablement averti que, plusieurs mois à l'avance, on connaît sur le bout du doigt, dans le cabinet du Sous-Préfet et dans celui du Préfet, la liste des citoyens qui doivent être honorés de la confiance de leurs concitoyens.

Au jour fixé, les membres de la future délégation, c'est-à-dire le maire et l'adjoint, escortés d'une douzaine de compères, — un peu plus, un peu moins, — s'installent soit dans une salle de café, soit dans la salle de la mairie. Les candidats posent alors leurs candidatures, les compères disent oui, et quelques moments après le premier magistrat municipal est proclamé délégué, ayant pour suppléant son brave homme d'adjoint.

N'allez pas crier au mensonge et à la calomnie. Ce que je raconte là, je l'ai vu. Je me souviens même de l'avoir vu une fois à mes dépens. C'était en 1881, à l'époque des dernières élections générales des députés. Nous avions tout d'abord à décider la question de savoir quelle serait, entre les candidatures rivales de M. Dusolier et de M. Theulier, celle qu'adopteraient les républicains de l'arrondissement de Nontron. En ce temps-là, — ce n'est pas ce que j'ai fait de mieux dans ma vie, — je soutenais envers et contre tous les intérêts de ce même M. Dusolier, qui depuis......... Bref, il fut convenu que deux délégués, envoyés par chaque commune, constitueraient un comité dans chaque chef-lieu de canton, et que la réunion de ces comités arrêterait définitivement le choix des candidats.

J'avais alors l'honneur d'être conseiller municipal de la commune de Sarlande. Le maire devait, selon l'habitude, faire partie du comité. Je n'y voyais, du reste, aucun inconvénient; mais comme je n'étais pas très sûr des dispositions de l'adjoint, qui passait pour un partisan de M. Theulier, je résolus de lui couper l'herbe sous le pied, en opposant ma candidature à la sienne. La réunion électorale, tenue dans une chambre d'auberge, se composait, outre cinq ou six bouteilles de vin et les trois candidats, de quatre conseillers municipaux. Deux d'entre eux, non compris le maire, m'ayant promis leurs voix, je me considérais déjà comme arrivé au terme de mes vœux, lorsque tout à coup, au moment décisif, le gendre de mon concurrent, en compagnie d'un ami, vint s'attabler avec nous, et changer en minorité la majorité sur laquelle je comptais. — C'est l'adjoint qui fut élu.

*
* *

Maintenant que nous savons comment on s'y prend pour créer et organiser les comités, examinons un peu le mécanisme de leur fonctionnement.

Nous avons beau nous vanter d'avoir, dans l'espace de quatre-vingt-quinze ans, coopéré à la confection d'une douzaine de révolutions petites, moyennes ou grandes, et assuré pour toujours le triomphe des immortels principes de 89, il n'en est pas moins vrai que nous conservons, profondément empreintes dans nos idées et dans nos mœurs politiques, les traces qu'y ont laissées plusieurs siècles d'asservissement. On a tort, quand on s'imagine qu'il n'y a pas moyen de gouverner le peuple français. De tous les peuples passés, présents et peut-être futurs, on n'en a pas trouvé, on n'en trouve pas, on n'en trouvera probablement pas qui ait poussé, qui pousse ou qui poussera plus loin que nous le respect presque superstitieux de l'autorité. Autrefois nos pères s'inclinaient doucement devant l'administration féodale; c'est devant la féodalité administrative que nous nous faisons un devoir de nous incliner aujourd'hui. Les habitants des campagnes surtout sont restés, dans leurs habitudes actuelles, fidèles aux traditions du temps passé. Voyez quelle déférence profonde ils témoignent pour les représentants du pouvoir, en général; pour le maire de leur commune, en particulier. Il leur semble que le maire de la commune a hérité, jusqu'à un certain point, des droits qu'avait à leurs hommages l'ancien seigneur du château. Ces braves gens consentent volontiers à jouer comme qui dirait le rôle de vassaux honoraires de leur magistrat municipal, d'autant plus volontiers que leurs intérêts privés, loin d'en souffrir, courent au contraire des chances sérieuses d'y gagner considérablement.

De là, un échange réciproque et continuel de bons procédés entre les administrés et l'administrateur, — celui-ci donnant à ceux-là des preuves quotidiennes de sa bienveillance paternelle, — ceux-là toujours prêts à suivre les conseils de celui-ci, à adopter ses opinions politiques et à voter avec les mêmes bulletins pour les mêmes candidats.

Aussi, le premier soin d'un préfet, lorsqu'il s'agit de perpétrer une élection, est-il de s'aboucher, directement, ou par l'intermédiaire du sous-préfet, avec les maires de toutes les communes de son département, auxquels il transmet les noms et les instructions des candidats préférés. Conformément à ces instructions, les honorables magistrats campagnards se font d'abord déléguer pour composer le comité cantonal ; ensuite, ils délèguent un certain nombre d'entre eux, qui composent le congrès départemental ; puis, deux ou trois jours avant l'opération finale, chacun d'eux arpente méthodiquement et scientifiquement la superficie de sa commune, conflant à chaque citoyen investi du droit de voter, le bulletin qui sera déposé fidèlement dans l'urne électorale.

Demandez à l'honorable M. Eyguière, sous-préfet de Nontron, si la chose ne s'est pas faite ainsi, il y a trois ou quatre jours, pour l'élection d'un conseiller d'arrondissement dans le canton de Bussière-Badil.

C'est ce qui s'est fait aussi, il y a quelques mois, pour l'élection des sénateurs.

C'est ce qu'on se propose de faire également pour les prochaines élections des députés.

« Flibusterie, » — « Fumisterie, » — telle est la devise que l'opportunisme fera bien d'inscrire sur son drapeau.

IV

Ces deux mots, — « Flibusterie, » — « Fumisterie, » — peuvent servir aussi d'épigraphe au compte-rendu de la délibération du congrès tenu à Périgueux, le 5 du mois courant.

L'organisation de ce prétendu Congrès est un acte audacieux d'usurpation commis par trois cents et quelques soi-disant délégués, auxquels je ne reconnais aucun mandat régulier. Ce Congrès est un faux Congrès. Je nie formellement la légitimité de son existence. Je m'insurge contre l'autorité de ses décisions. Il est nul. Ses actes sont nuls. Je repousse les candidats qu'il a choisis, et qu'il n'avait pas le droit de choisir. A l'exception d'un seul, je ne voterai et ne conseillerai de voter pour aucun d'eux.

Est-ce qu'on ne voit pas que la réunion de cette espèce de club est un guet-apens opportuniste tendu à la naïveté des radicaux par des jésuites encore plus jésuites que les jésuites de Loyola, — par les jésuites de Gambetta ?

Est-ce qu'on ne comprend pas que la liste proclamée et acclamée le 5 juillet avait été proposée, débattue, convenue et arrêtée, il y a plus d'un an peut-être, dans le cabinet du préfet, et communiquée ensuite au ministre, qui l'avait approuvée ?

Il suffit, d'ailleurs, de passer en revue les noms dont elle est composée pour savoir à quoi s'en tenir sur l'esprit de coterie et le parti-pris d'intolérance qui ont dicté le choix des candidats. Pas un républicain indépendant n'y a été admis, excepté M. Theulier. Pas un d'entre eux, en exceptant toujours M. Theulier, qui ne soit inféodé, corps et âme, à cette bande fatale, dont l'obstination, la présomption et l'incapacité finiraient par ruiner la France et jeter bas la République, si on ne la chassait pas du pouvoir.

J'ai d'abord, malgré la sympathie personnelle qu'ils m'inspirent, le devoir de signaler à la réprobation des électeurs MM. Brugère et Chavoix.

Ces honorables députés auraient dû, ainsi que M. ESCANDE, se persuader qu'on ne leur payait pas une indemnité annuelle de neuf mille francs pour plier et courber l'échine, vingt-quatre heures par jour, devant les volontés autocratiques de M. Jules Ferry. — J'ignore quel est le mérite spécial qui a valu à la colonne vertébrale de saint Fiacre l'honneur d'être conservée dans la cathédrale de Meaux, mais je demande, si jamais on fonde un musée opportuniste à Périgueux ou ailleurs, qu'on y expose, — quand ils seront morts, — les colonnes vertébrales de MM. Brugère, Escande et Chavoix, comme des monuments curieux de souplesse et de flexibilité.

M. le docteur GADAUD pourrait, si on le nommait député, rendre des services réels. Outre les connaissances variées qu'il possède en histoire, en philosophie, en esthétique, il s'est fait avantageusement connaître en qualité d'économiste, le jour où il démontrait à son conseil municipal que le pain doit être d'autant plus cher que le blé est à meilleur marché, — d'où il concluait sans doute implicitement que le pain doit être à bon marché lorsque le blé est cher. Sous beaucoup de rapports, je le répète, la présence du docteur Gadaud ne serait pas inutile au Palais-Bourbon. Je ne veux pourtant pas de sa candidature, parce que je n'aime pas les hommes qui, dans le but de satisfaire d'ambitieux appétits, rompent en visière avec les opinions qu'ils ont longtemps professées. En 1878, sans remonter plus haut, le docteur Gadaud se déclarait fier d'être appelé radical ; autonomiste convaincu, il réclamait énergiquement pour les communes le droit de s'administrer indépendamment du pouvoir central. Depuis ce temps-là, presque aussi versatile que M. Dusolier, il est devenu presque aussi opportuniste que M. Garrigat. On n'a pas oublié que, l'année dernière, à Périgueux même, s'abandonnant à l'intempérance habituelle de sa verve oratoire, il ne craignait pas de célébrer devant M. Jules Ferry les beautés de cette politique méthodique et scientifique, dite politique des résultats, qui nous a fait dépenser dix mille hommes et cinq cents millions, rien que pour l'expédition du Tonkin. — Espérons que le docteur Gadaud n'ira pas à Paris.

M. FOMBELLE m'a appris, — ce que je ne savais pas, — à quoi peut servir la *Ligue d'enseignement* qu'il a fondée, il y a quelques années, dans le département de la Dordogne. D'après ce que je vois, elle a servi à faire nommer M. Fombelle conseiller général, officier d'académie, peut-être bien chevalier du Mérite-Agricole, et enfin candidat à la députation. — Il ne faut pas qu'elle serve à le faire nommer député.

Que dirai-je de MM. ED. LA BATUT et LAMOTHE-PRADELLE ? Je n'en dirai rien, par l'excellente raison que je ne les connais pas et que personne ne les connaît.

On prétend que M. DE LA BATUT, à l'époque de la réforme judiciaire, fut nommé, par quiproquo, juge suppléant au tribunal de la Seine ; il aurait, dit-on, coiffé sans s'en douter la toque d'un M. de La Batut qui n'était pas lui. Je me demande, à ce propos, si le Congrès n'aurait pas, par hasard, commis un quiproquo analogue, en prenant M. de La Batut, qu'il a désigné, pour un autre M. de La Batut, qu'il aurait voulu désigner. — Nous verrons comment les électeurs éclairciront ce quiproquo.

Quant à M. LAMOTHE-PRADELLE, les renseignements qu'on a pu me fournir sur son compte ne brillent pas d'une bien vive clarté. A mes questions on a répondu que M. Lamothe-Pradelle avait été recommandé à la bienveillance particulière du Congrès, parce qu'il est cousin de son cousin, lequel est le notaire de M. Sécrestat, officier d'académie, lequel est le beau-père de M. Escande, ennemi acharné de Jansénius. — Au fait, il y en a bien d'autres qui ont été nommés députés, dont les titres ne valent pas mieux que ceux-là. En ce qui me concerne, j'aurais presque envie de voter pour le docteur Lamothe-Pradelle, — M. Lamothe-Pradelle est, sans doute, médecin, — si je n'avais pas fait le serment solennel de ne voter pour aucun des candidats du Congrès, à l'exception de M. Theulier.

Oui, je voterai pour **M. Theulier**, quoique porté sur la liste officielle, parce que M. Theulier, depuis que les électeurs l'ont envoyé à la Chambre, a suivi à peu près correctement la ligne adoptée par les radicaux.

Le seul reproche un peu sérieux qu'on puisse

lui adresser, — reproche mérité, — c'est d'avoir apposé sa signature au bas d'un appel aux électeurs, conjointement avec MM. Brugère, Escande et Chavoix, lui qui avait auparavant signé le manifeste de M. Clémenceau. On me dira que c'est par bonté pure que M. Theulier a ainsi tendu la perche à ses trois collègues, qu'il voyait en train de se noyer. Je le sais, mais je n'ignore pas non plus que si la philanthropie a ses droits, la logique a aussi les siens, qu'on doit respecter. — Cela n'empêchera pas M. Theulier d'être élu à une imposante majorité.

Je propose aux radicaux de voter également pour **MM. Wallon, Clerjounie, Mercier et Montagut.**

Je ne pense pas, à dire franchement la vérité, qu'aucun de ces messieurs pratique un radicalisme bien farouche et bien rébarbatif, — pas même M. Mercier, qui me paraît avoir mis pas mal d'eau dans son vin, — mais tous se disent, et je le crois, indépendants, et c'est surtout comme protestation contre une usurpation inconvenante que je conseille à mes amis de donner leurs voix aux honorables citoyens que je viens d'indiquer.

Encore un mot. — Je n'ai demandé à personne, je n'avais pas à demander à qui que ce soit la permission de dresser pour mon compte une liste de candidats. Les hommes dont j'ai choisi les noms sont des hommes publics ; les noms m'appartiennent, j'ai le droit de les faire circuler. Ces hommes, s'inclinant avec plus ou moins de philosophie

devant les décisions d'une pétaudière opportu
niste, ont laissé tomber leurs candidatures ; je le
ai ramassées, et je prends sur moi de les offrir a
public.

Cela dit pour rendre d'avance inutiles et super-
flues toutes observations, réclamations ou protes-
tations, je supplie les radicaux de la Dordogne, au
nom des opinions qui nous sont communes, de
voter et de faire voter contre les candidats du 5
juillet. Il faut absolument, pour l'honneur de la
République et de la France, fermer la porte de la
Chambre à cette majorité indigne que l'Histoire, si
elle sait rendre justice à qui de droit, appellera un
jour la majorité des **Invertébrés**.

F CAILLIAC.

Périgueux. — Imprimerie E. LAPORTE (anc. Dupont et Cᵉ).